Les Grandes Vies

LÉONARD

DE VINCI

Publié pour la première fois en 2018
par Laurence King Publishing
361-373 City Road
London EC1V 1LR
United Kingdom

Pour l'édition originale
Édition : Chloë Pursey
Responsable éditoriale : Charlotte Selby
Conception graphique : Charlotte Bolton
Graphiste : Stuart Dando

Pour l'édition française
Responsable éditorial : Thomas Dartige
Éditrice : Anne-Flore Durand
Réalisation de l'édition française : Lunedit, Paris
Traduction : Emmanuel Plisson

La présente édition est publiée
par Gallimard Jeunesse,
5, rue Gaston Gallimard
75328 Paris Cedex 07

ISBN : 978-2-07-510468-5

Loi n° 49-956 du 16 juillet 1949
sur les publications destinées à la jeunesse
Dépôt légal : août 2018
N° d'édition : 334012
Photogravure couverture : IGS
Imprimé en Chine

Les Grandes Vies

LÉONARD DE VINCI

Écrit par
Isabel Thomas

Illustrations de
Katja Spitzer

GALLIMARD JEUNESSE

Qui était Léonard de Vinci ?
Artiste ou ingénieur ? Architecte ou scientifique ?
Sculpteur ou inventeur ?

Les carnets de Léonard – remplis de croquis d'oiseaux, de personnes, de paysages, de machines et de plans de bâtiments – démontrent qu'il était tout ça à la fois.

C'était un grand artiste, mais il fut aussi un des premiers scientifiques à comprendre le monde en observant attentivement tout ce qui l'entourait.

Son histoire commence dans un petit village nommé Anchiano, près de la ville de Vinci, dans les collines de Toscane, en Italie...

Léonard naît le 15 avril 1452. Ses parents ne sont pas mariés et ne vivent pas ensemble, mais le jeune garçon est proche d'eux. Il passe la plus grande partie de son enfance dans la propriété de son père.

SA MÈRE
Fille de paysans

SON PÈRE
Notaire (spécialiste des textes de loi)

Léonard ne va pas à l'école, ce qui lui laisse beaucoup de temps pour partir à l'aventure. Les collines de la campagne toscane constituent un terrain d'exploration idéal.

Un jour qu'il s'aventure dans une caverne obscure, il découvre les ossements fossilisés d'une baleine préhistorique dans la roche.

Le jeune Léonard se révèle brillant en mathématiques, en musique et en art. Un jour, Ser Piero, son père, lui demande de décorer un bouclier en bois pour un fermier.

Léonard se dit qu'un bouclier doit terrifier les ennemis et leur glacer le sang !

Il pense alors à Méduse, la plus terrible gorgone de la mythologie grecque, qui transformait en pierre ceux qui croisaient son regard.

« Parfait », se dit Léonard. Et il se met au travail.

Il parcourt les champs et les bois pour capturer lézards, criquets, serpents, papillons, sauterelles et chauves-souris.

De retour chez lui, il les dispose ensemble pour créer un monstre hideux, qu'il représente sortant d'une caverne obscure, le venin aux lèvres, soufflant de la fumée, avec les yeux qui lancent des flammes.

Quand Ser Piero découvre la peinture, il a un mouvement de recul. Il est terrifié ! Léonard est ravi – c'est l'effet recherché. Il réalise que l'art est un moyen de provoquer des émotions.

Le père de Léonard trouve que le bouclier est trop beau pour un simple fermier, et il préfère le vendre !

Au XVe siècle, il est d'usage que les fils fassent le même métier que leur père. Mais la loi italienne interdit la profession de notaire aux enfants dont les parents ne sont pas mariés.

Ser Piero se dit que, à la place, Léonard peut devenir artiste. Avec toute sa famille, il part s'installer à Florence. À 15 ans, Léonard devient l'apprenti du célèbre peintre Andrea del Verrocchio.

Verrocchio possède un très grand atelier où sont réalisés plusieurs types d'œuvres destinées à une clientèle aisée :

C'est l'endroit idéal pour un esprit curieux !
Léonard a beaucoup à apprendre.

Il commence par de petits exercices sur des toiles de grande taille. *Le Baptême du Christ* mesure près de deux mètres de haut ! Léonard est chargé de peindre l'ange qui apparaît à gauche.

LE BAPTÊME DU CHRIST

Verrocchio trouve l'ange tellement réussi qu'il fait de l'ombre au reste de la toile. Du coup, il demande à Léonard de s'occuper de tous les tableaux, tandis que lui-même se consacre à la sculpture.

Après dix ans d'apprentissage, Léonard ouvre son propre atelier à Florence. Il compte parmi ses clients les Médicis, une des familles les plus riches et influentes d'Italie.

Il applique tout ce qu'il a appris pendant sa formation, mais il commence à se détourner de la peinture traditionnelle.

Au lieu d'imprégner de pigments un enduit mural humide pour créer une fresque, il préfère utiliser la peinture à l'huile sur des panneaux de bois.

Comme l'huile sèche plus lentement, l'artiste peut alors travailler davantage sur les détails. Léonard découvre ainsi comment rendre l'aspect soyeux des cheveux, ajouter un paysage en arrière-plan, une peau lumineuse et fraîche, des bijoux qui scintillent.

Dans leurs ateliers, les artistes les plus prisés de la Renaissance utilisent des « livres de motifs » pour leur faciliter la tâche. Quand, par exemple, on leur commande un tableau avec des chevaux, ils disposent de modèles dessinés dans différentes postures, qu'ils n'ont plus qu'à recopier.

Mais Léonard préfère observer la nature et dessiner ce qu'il voit vraiment. Même pour représenter des créatures imaginaires, comme un dragon, il s'inspire des vrais animaux afin de les rendre plus crédibles.

En fait, Léonard se sert de l'art pour mieux comprendre la nature.

En 1481, un groupe de moines demande à Léonard un tableau représentant *L'Adoration des mages*, une scène célèbre de la Nativité.

C'est sa première grande commande. Il se met au travail avec enthousiasme. Certains pensent qu'il s'est représenté lui-même dans ce tableau. Il a deux ans pour terminer la toile..., mais il quitte Florence pour Milan et la laisse inachevée !

On ignore les raisons de son départ. Peut-être qu'il est fâché : les Médicis viennent de confier aux plus grands artistes toscans la décoration de la chapelle Sixtine, à Rome, tout juste achevée..., mais ils n'ont pas convié Léonard !

Léonard a peut-être tout simplement envie de nouveauté. Milan est une ville plus importante et plus riche que Florence. Elle se prépare à faire la guerre, et recrute dans ce but des ingénieurs.

Léonard écrit une lettre à Ludovic Sforza, le duc de Milan, où il expose ses idées de « moyens infinis et variés pour l'attaque et la défense. »

J'ai des plans de ponts à la fois légers et solides, qui résistent au feu et à l'assaut ; et des moyens pour brûler et détruire ceux de l'ennemi.

Là où l'attaque frontale échoue, je construirai des catapultes, des trébuchets et autres machines qui permettront de vaincre l'ennemi.

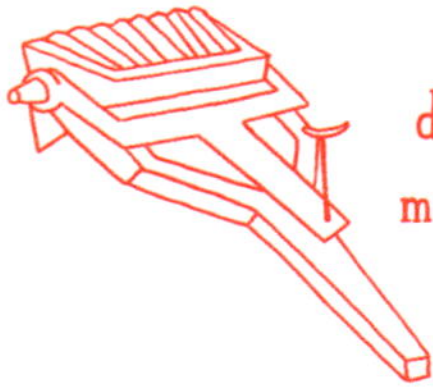

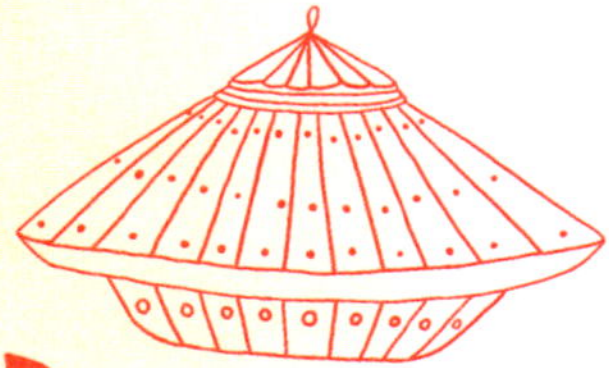

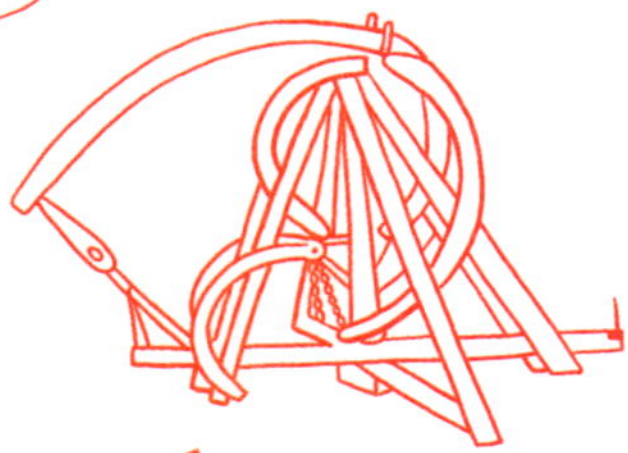

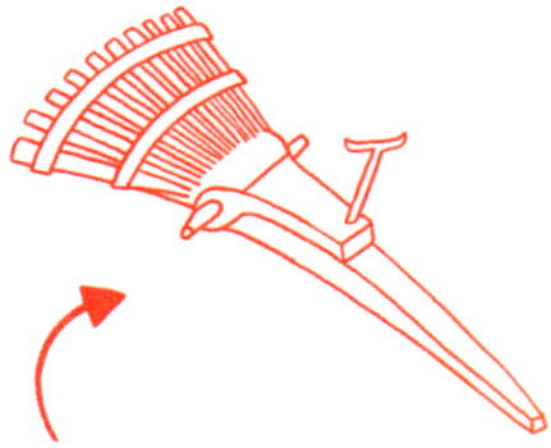

Je peux construire des voitures couvertes et indestructibles qui briseraient les troupes les plus solides.

J'ai également inventé des armes permettant de lancer des rafales de petites pierres, à la manière d'un orage de grêle.

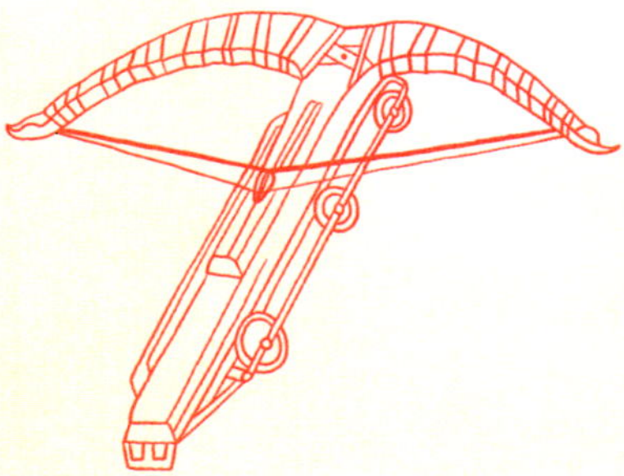

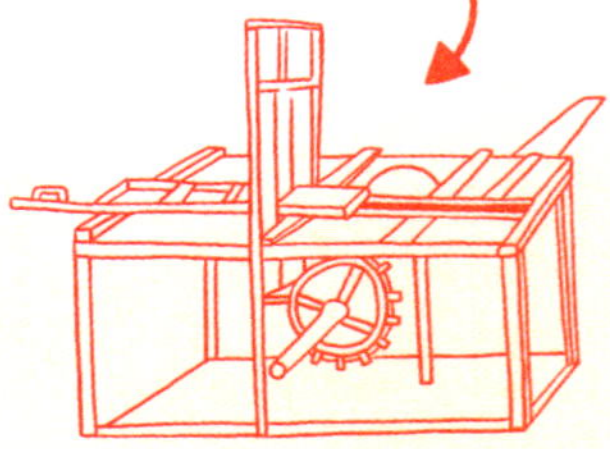

Ce garçon a l'air fantastique !
LUDOVICO SFORZA, DUC DE MILAN

En 1482, Léonard entre au service de Ludovic Sforza.
Il est comme un poisson dans l'eau parmi les mathématiciens, les musiciens, les artistes et les savants de la cour. Ce sont les personnalités les plus célèbres de l'époque.

Il raconte si bien les histoires !
Il a fabriqué lui-même son luth !
Il joue aussi bien qu'il chante !

Léonard reste dix-sept ans à Milan, où il va accomplir un travail phénoménal. Conquis par ses capacités, Ludovic Sforza lui confie de nombreuses tâches et le paie bien.

INGÉNIERIE

- Fondre des canons en bronze
- Inspecter les fortifications et les défenses
- Inventer des armes
- Imaginer un scaphandre de plongée et une bouée de sauvetage

ARCHITECTURE

- Concevoir les dômes et les tours d'une cathédrale
- Dessiner les plans de forts, de ponts, de villas et de châteaux

PEINTURE ET SCULPTURE

- Orner des <u>retables</u>
- Peindre des portraits
- Décorer des églises et des palais

ARTS

- Jouer de la musique
- Écrire des poésies, des histoires et des charades
- Dessiner des accessoires et des costumes pour des fêtes et des représentations théâtrales
- Concevoir des machineries de scène

URBANISME

- Gérer les réserves d'eau et le fonctionnement des égouts
- Améliorer la santé publique et les transports
- Imaginer des canaux et des écluses
- Inventer une ville nouvelle avec des rues à deux étages

Parfois, il a même trop de travail, ce qui agace Léonard.

Il a promis de construire une « immense statue équestre en bronze du duc François (le père de Ludovic Sforza) dans son armure ».

Comme un grand nombre de ses projets, la statue en question n'avance que très lentement. C'est seulement au bout de huit ans à Milan qu'il commence à visiter des écuries pour dessiner des croquis de chevaux.

Au fond, Léonard a surtout envie de poursuivre sa quête infinie de savoir.

Il commence à tenir des carnets où il note toutes ses idées – des pensées griffonnées, des croquis, des expériences, des inventions, des pense-bêtes et même sa liste de courses. Il garde cette habitude jusqu'à sa mort. Ses carnets abordent tous les domaines de la science et des arts.

Léonard est resté célèbre pour avoir utilisé dans ses carnets l'écriture en miroir.
C'est peut-être pour garder le secret sur ses idées : il craint que certaines d'entre elles – par exemple ses plans pour un sous-marin – ne déclenchent des catastrophes si elles tombent entre de mauvaises mains !

Pose un miroir ici !

Un des sujets qui fascine le plus Léonard est l'anatomie – la façon dont notre corps est structuré.

Léonard s'instruit peu dans les livres (à l'époque, la plupart des manuels d'étude sont en latin, une langue qu'il ne connaît pas).

Il apprend en dessinant les choses. Il note ce qu'il voit, et les questions qu'il se pose.

Éternuer, qu'est-ce que c'est ?

Bâiller, qu'est-ce que c'est ?

Quels sont les muscles qui dilatent les narines ?

Quels sont les muscles qui ouvrent et ferment
la pupille de l'œil ?

Pourquoi les yeux se déplacent-ils ensemble ?

Les jambes d'une grenouille ressemblent
beaucoup aux jambes d'un homme.

Décrire la langue du pic-vert
et la mâchoire du crocodile.

La longueur des bras étendus d'un homme est égale à sa hauteur.

Au XVe siècle, il n'y a pas de caméras ni d'appareils photos. La peinture ou la sculpture sont les seules façons de garder la trace de ce qu'on a vu. Léonard veut que ses tableaux soient aussi réalistes que possible, et il s'entraîne en dessinant de nombreux visages.

En dessinant, il progresse en science, et, plus il apprend, plus son dessin s'améliore.

ÉTUDE DE CINQS TÊTES GROTESQUES

Mais Léonard est un perfectionniste qui n'est que très rarement satisfait de son travail.

« Les peintres se désolent souvent… quand ils voient que leurs portraits n'ont pas l'harmonie et la vivacité que l'on trouve dans les reflets d'un miroir. »

« Il n'y a pas que l'anatomie
humaine qui me fascine.
J'ai étudié les oiseaux,
les chauves-souris et
les insectes volants pour
essayer de comprendre
comment ils se maintiennent
dans les airs. »

Léonard tente d'imiter la nature pour inventer une machine capable d'aider l'homme à voler. Il dessine des plans pour des appareils dont les ailes battent comme celles d'un oiseau.

De même qu'il apprend davantage en science grâce au dessin, il invente des machines en les dessinant. Il possède une capacité remarquable à penser en trois dimensions.

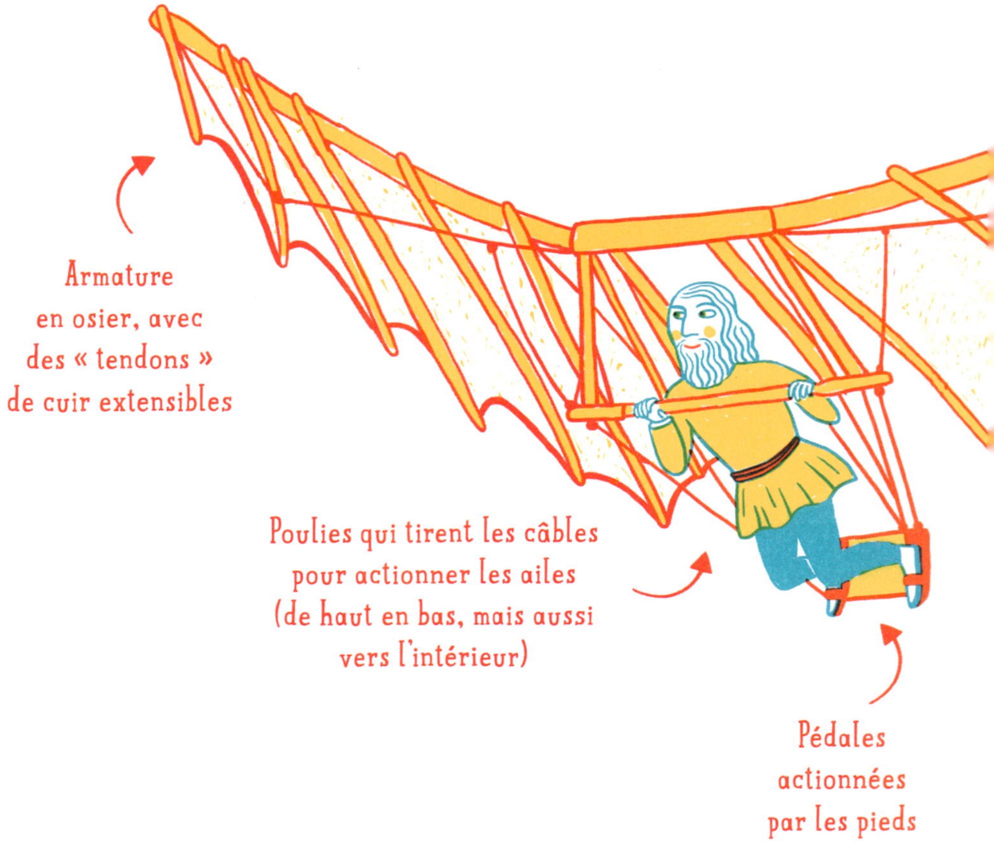

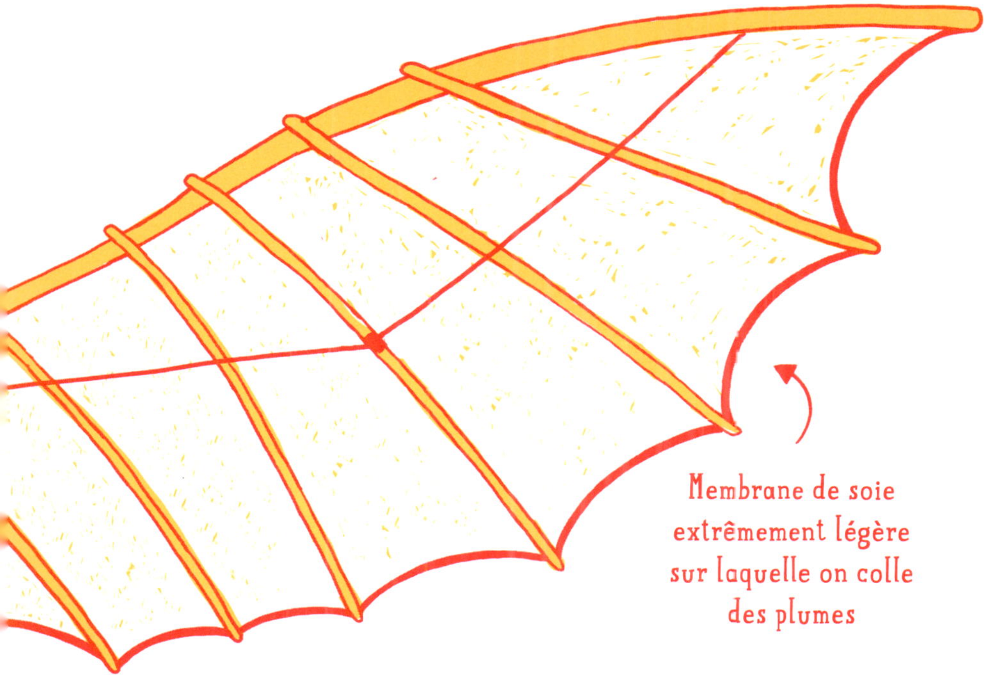

On ignore si Léonard a construit et testé sa machine – mais d'autres l'ont fait ! Rendez-vous p. 55 pour voir lesquelles de ses inventions fonctionnent vraiment.

En 1495, Ludovic Sforza demande à Léonard de représenter *La Cène* sur une fresque murale au monastère Santa Maria della Grazie.

Un jeune moine, Matteo Bandello, raconte comment Léonard travaille :

Il s'y rendait très tôt. Il devait grimper sur son échafaudage, parce que la fresque est située en hauteur.

À de nombreuses reprises, et je l'ai vu de mes propres yeux, il a gardé le pinceau à la main de l'aube au crépuscule, oubliant de boire et de manger, peignant sans cesse.

Parfois, pendant deux, trois ou même quatre jours, il ne touchait plus à sa peinture, même s'il pouvait passer une ou deux heures par jour à simplement l'observer.

Les moines trouvent que Léonard travaille trop lentement, et ils s'en plaignent. Mais il a une bonne excuse…

La Cène s'avère être l'une des plus belles œuvres de Léonard. C'est aussi la dernière commande qu'il honore pour Ludovic Sforza à Milan.

Comme nombre de projets de Léonard, le cheval géant ne sera jamais achevé. Léonard a simplement le temps de fabriquer un modèle en argile à taille réelle, mais les troupes françaises prennent la ville et renversent Ludovic Sforza.

Léonard fuit Milan et se réfugie à Venise. Son modèle – 7 mètres de la crinière au sabot – sert de cible de tir.

À cette époque, Léonard est célèbre dans toute l'Italie, et il n'a aucune difficulté à trouver du travail. Après un bref séjour à Venise, il regagne Florence.

La ville est en guerre contre Pise, sa voisine. On charge Léonard de détourner une rivière pour priver Pise de son accès à la mer. C'est une tâche irréalisable !

Il accepte aussi de nouvelles commandes de peintures, en particulier une fresque sur le mur de l'hôtel de ville pour célébrer la victoire de Florence à la bataille d'Anghiari.

COMMENT (PRESQUE) RÉUSSIR UNE FRESQUE ?

Léonard est sur le point de peindre quand le destin frappe !

« En ce 6ᵉ jour de juin 1505, vendredi, sur le coup de la treizième heure, j'ai commencé à peindre au palais.

À ce moment, le temps est devenu mauvais, et la cloche a sonné pour appeler les hommes à se réunir.

Le carton s'est déchiré, l'eau s'est renversée et le vase qui la contenait s'est brisé.

Et soudain le ciel s'est brouillé, et il a plu des trombes d'eau. Le ciel était noir comme la nuit. »

Le carton était fichu ! Admettons que, comme excuse, ça bat à plate couture : « Le chien a mangé mes devoirs… »

Au bout de deux ans, la cité de Florence demande à Léonard de terminer rapidement *La Bataille d'Anghiari* ou de rembourser l'argent qu'il a perçu.

Par chance, Léonard a des amis haut placés. Le roi de France, Louis XII, demande à « notre cher et bien-aimé Léonard de Vinci » de se mettre au service du gouverneur français de Milan.

L'artiste retourne s'installer à la cour de Milan en tant qu'architecte, artiste et ingénieur. Il emporte avec lui un tableau commencé à Florence, qu'il n'a pas encore terminé – le portrait de Mona Lisa, mieux connu sous le nom de *La Joconde*.

C'est un des plus beaux tableaux de Léonard, et sans doute le plus mystérieux. Il parvient à montrer dans la peinture non seulement la beauté de son modèle, mais aussi, dirait-on, ce qu'elle pense et ressent.

LA JOCONDE

En 1512, les mécènes français de Léonard commencent à perdre leur influence en Italie. L'année suivante, Léonard part s'installer à Rome, désormais dirigée par la famille Médicis.

Les Médicis le logent dans un palais somptueux, mais Léonard ne se plaît pas à Rome. Il passe la plupart de son temps enfermé, à étudier l'anatomie du cœur, à faire des expériences avec des miroirs et des lentilles... et à se plaindre qu'on ne prend pas les peintres suffisamment au sérieux.

Léonard s'amuse aussi à déguiser un lézard pour le faire ressembler à un petit dragon.

Peu à peu, le caractère de Léonard s'assombrit. Lorsque ses mécènes, le roi Louis XII et Giulano de Médicis meurent, il s'inquiète. Que va-t-il faire maintenant ?

Les Médicis m'ont créé
et puis ils m'ont détruit.

En 1515, Léonard imagine et fabrique un grand lion mécanique – cadeau des Médicis à François Ier, le nouveau roi de France.

François Ier est sûrement ravi, car il adore l'art. En 1516, il invite Léonard, alors âgé de 64 ans, à quitter l'Italie pour devenir son peintre officiel.

Léonard s'installe en France en compagnie de son meilleur ami, Francesco Melzi. Ses soucis sont terminés. Il est bien payé, il vit dans une vaste demeure, et il a tout le temps et l'espace pour peindre et étudier la science.

Chaque jour, il discute un moment avec le roi.

Le 23 avril 1519, Léonard écrit sa dernière note – son testament. Il meurt neuf jours plus tard, à 67 ans.

Comme une journée bien remplie
nous donne un sommeil agréable,
une vie bien remplie nous offre
une mort paisible.

À sa mort, Léonard est déjà très célèbre. Mais sa renommée ne cessera de croître pendant les 500 années qui suivront.

Lire les 7 000 pages de ses carnets, c'est comme explorer l'esprit d'un génie. Il n'a jamais cessé de se poser des questions et de découvrir de nouvelles choses.

Certaines de ses idées et intuitions scientifiques sont en avance de plusieurs siècles sur son temps.

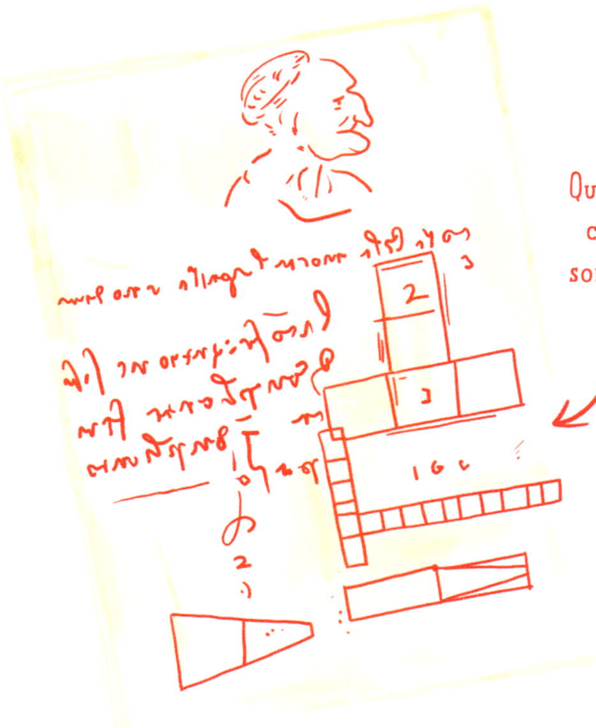

Quand on les déchiffre, ces petits gribouillis sont en fait la première mention des lois de la friction !

Ses capacités en <u>physique</u> ont fait de lui un inventeur extraordinaire. Il a conçu et imaginé plus de 400 machines, dont il a dessiné les mécanismes avec tant de détails qu'on peut les construire aujourd'hui !

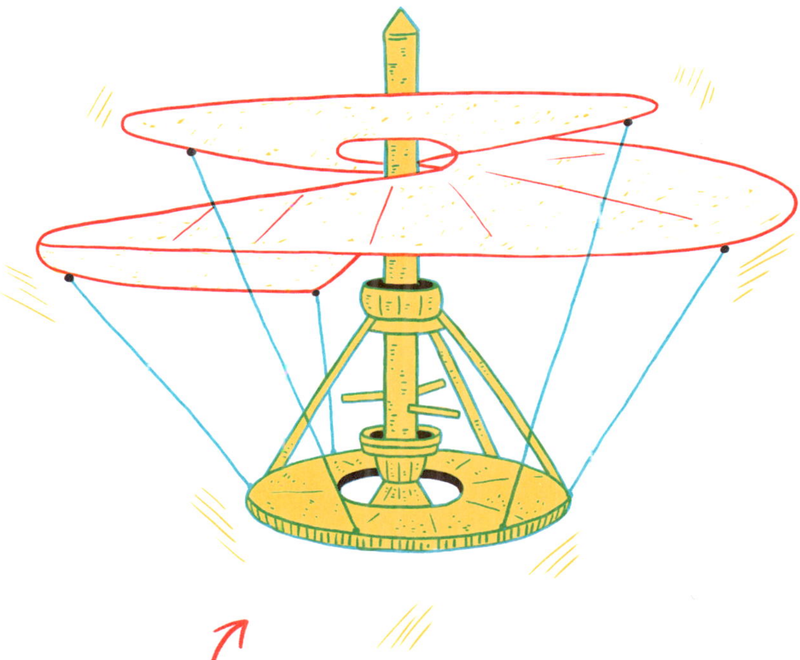

Cette machine volante ne fonctionne pas, mais c'était une idée fantastique pour l'époque !

Ses immenses connaissances scientifiques lui ont également permis de créer des œuvres d'art mondialement connues.

Hélas, relativement peu de ses œuvres nous sont parvenues – et la plupart restent inachevées ou non signées !

Par chance, Léonard conservait ses croquis et ses esquisses, ce qui a permis aux historiens de reconstituer les chefs-d'œuvre qu'il imaginait. Il nous reste environ 600 dessins de sa main.

Il avait un talent unique pour rendre ses sujets humains ou ses animaux vivants et beaux. Les techniques qu'il a mises au point ont révolutionné le travail des artistes de son temps.

Partout, on considère Léonard comme un génie. Mais ses carnets montrent que, par bien des aspects, c'était un homme comme les autres.

Il râlait souvent – parce qu'il trouvait qu'on ne le respectait pas assez, parce qu'on le dérangeait pendant son travail et qu'on lui confiait des tâches qui ne l'intéressaient pas.

Il se souciait beaucoup de ce que les autres pensaient de lui. Et certains étaient guère impressionnés par lui :

> « Hélas ! cet homme ne fera jamais rien, car il songe à la fin avant d'entreprendre le commencement. »
>
> Le pape Léon X

Mais Léonard était avant tout un penseur. Fabriquer des objets pour de l'argent, ça ne l'intéressait pas. Il voulait comprendre tout ce qui existe.

On se souviendra toujours de lui comme d'un homme à la curiosité insatiable.

CHRONOLOGIE

1452
Naissance de Léonard le 15 avril, près de Vinci, Italie.

1467
Entre comme apprenti dans l'atelier d'Andrea del Verrocchio à Florence.

1473
Dessine *Paysage pour Santa Maria della Neve*, sa première œuvre connue. Il contribue au *Baptême du Christ* de Verrochio, achevé en 1475.

1482
Écrit au duc de Milan, Ludovic Sforza, pour lui proposer ses services. Quitte Florence pour Milan.

1483
On lui commande le tableau *La Vierge aux rochers*.

1488-1490
Commence à travailler sur des plans de machines volantes, dont un « hélicoptère », ainsi que des sous-marins et des engins de guerre.

1493
Fabrique un modèle en argile pour le cheval du monument Sforza.

1495
Ludovic Sforza lui commande une fresque sur le thème de *La Cène* pour décorer le monastère de Santa Maria delle Grazie.

1498
Termine *La Cène*, mais la statue équestre reste inachevée.

1507
Nommé peintre et ingénieur du roi Louis XII. Il peint une nouvelle version de *La Vierge aux rochers*.

1513
S'installe à Rome. Il vit au Vatican, où il étudie les propriétés des miroirs.

1515
C'est à cette époque que Léonard peint *Jean Baptiste*. Il construit également un lion mécanique pour François Ier, nouveau roi de France.

1478

Première commande officielle pour un retable à Florence. Il compte parmi ses clients la famille Médicis.

1479-1480

On lui attribue une *Madone à l'enfant* et un *Saint Jérôme* inachevés.

1481

Accepte une commande pour *L'Adoration des Mages*, qui restera inachevée.

1489

Entame les esquisses pour la statue équestre de Ludovic Sforza et se lance dans l'étude de l'anatomie humaine.

1489-1490

Peint le portrait de Cecilia Galleroni (*La Dame à l'hermine*).

1490

Peint le *Portrait de musicien.*

1499

L'armée française envahit Milan. Léonard doit s'exiler.

1500

Arrive à Florence. Devient un peu plus tard l'ingénieur militaire de Cesare Borgia.

1503

Commence *La Bataille d'Anghiari*. Florence est en guerre contre Pise. Premières esquisses de *La Joconde*.

1516

Quitte l'Italie pour la France, où il entre au service de François Ier.

1519

Meurt le 2 mai à 67 ans.

Léonard de Vinci

GLOSSAIRE

Anatomie – étude de la structure des êtres vivants : hommes, animaux, plantes, etc.

Architecte – personne qui dessine et conçoit des bâtiments.

Architecture – art de concevoir et de construire des bâtiments.

Botanique – étude des plantes et des végétaux.

Carton – dessin préparatoire pour une œuvre d'art. Un concept qui remonte au Moyen Âge.

Chimie – étude de la matière et des éléments qui la composent (comme les atomes et les gaz) ainsi que leurs interactions.

Commande – à la Renaissance, il était d'usage que des nobles ou des personnes riches demandent à un peintre de peindre leur portait ou un tableau sur un sujet donné.

Fresque – peinture effectuée sur un mur ou un plafond enduit d'une couche humide pour que les couleurs y soient absorbées et se fixent au séchage. Technique très utilisée par les peintres de la Renaissance.

Géologie – étude des roches, des minéraux et des sols, qui permet de comprendre la structure de la Terre et ses modifications avec le temps.

Gorgone – dans la mythologie grecque, ce sont trois sœurs monstrueuses (Méduse, Sthéno et Euryale) qui ont des serpents en guise de cheveux.

Ingénieur – personne qui conçoit, construit et teste des structures, des matériaux ou des machines.

Mécanique – étude des forces et des mouvements, mais aussi la science des machines, de leur construction et de leur fonctionnement.

Mécène – personne qui soutient une personne ou une organisation, financièrement ou par d'autres moyens.
Méduse – une des trois gorgones

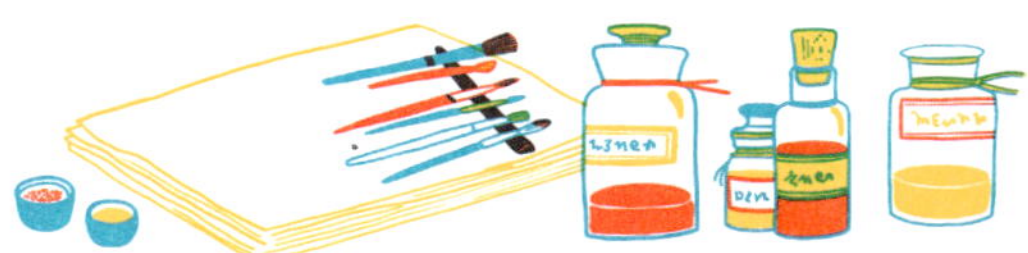

de la mythologie grecque. Celui qui croise son regard est changé en pierre.

Optique – étude scientifique de la perception et du comportement de la lumière.

Perspective – art de représenter des objets en trois dimensions (par exemple des bâtiments) sur une surface en deux dimensions (une feuille de papier ou autre) en donnant une juste impression de leur hauteur, de leur largeur, de leur profondeur et de leur position les uns par rapport aux autres.

Physique – étude de la matière, de l'énergie et de l'interaction de ces forces.

Pigment – substance utilisée pour colorier ou peindre, qui, mélangée à de l'huile ou à de l'eau, crée la peinture ou l'encre.

Préhistorique – qui date d'avant l'invention de l'écriture.

Renaissance – période de l'histoire européenne, entre le XIVe et le XVIe siècle, pendant laquelle le monde occidental connaît de tels changements qu'il donne l'impression de « renaître ».

Retable – œuvre d'art (tableau ou sculpture) au thème religieux, destinée à être placée sur l'autel d'une église.

Sur mesure – adapté aux besoins d'une seule et unique personne.

Trébuchet – machine de guerre capable de projeter de grosses pierres et autres projectiles.

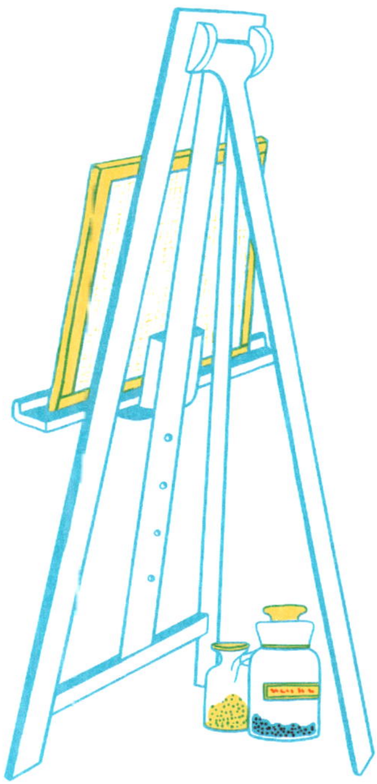

INDEX

Anatomie 31, 32, 37, 61
Architecte 5, 48
Architecture 26, 31
Armes 22, 26
Artiste 5, 12, 17, 18, 21, 48, 56, 57
Baptême du Christ, 15, 60
Bataille d'Anghiari, 48, 61
Carnets 5, 30-31, 54, 57, 58
Cène, 40, 42, 60
Chapelle Sixtine 21
Chimie 14
Étude de cinq têtes grotesques 34
Florence 12, 16, 20, 21, 44, 48, 60, 61
François Ier, roi de France 52, 53, 60, 61
Fresque 17, 40, 44, 45, 47, 60
Ginevra de' Benci 17
Ingénierie 26
Ingénieur 5, 21, 48, 55, 61
Inventeur 5
La Joconde 48-49
Lion mécanique 52, 60
« Livres de motifs » 18-19
Louis XII 48, 51, 60
Machines volantes 5, 38-39, 55, 60
Oiseaux 5, 37, 38, 61
Père *voir* Ser Piero
Médicis 16, 21, 50, 51, 52, 61
Méduse 8
Mère 6
Melzi, Francesco 52
Milan 20, 21, 22, 23, 26, 42, 48, 60, 61
Mona Lisa voir *La Joconde*
Monument Sforza (cheval) 28, 42-43, 60, 61
Physique 55, 63
Pise 44, 61
Renaissance 18
Rome 21, 50, 60
Scientifique 5, 54
Ser Piero 6, 8, 11, 12
Sculpteur 5, 12
Sculpture 27, 34
Sforza, Ludovic, duc de Milan 22, 23, 24, 26, 28, 40, 42, 60
Toscane 5, 6, 21
Verrocchio, Andrea del 12, 13, 15, 60
Vitruve, homme de 33
Venise 42, 44

CRÉDITS PHOTOGRAPHIQUES

Photographie de la page 61, avec l'autorisation de la Bibliothèque du Congrès.